PLUS DE GUERRE

OU

PRIÈRE AUX DEUX EMPEREURS

SUIVIE DE

TROIS ÉPITRES

D'UN FRANÇAIS A UN ALLEMAND

SUR LA SITUATION ACTUELLE

> Allez, Monsieur, annoncer à votre Gouvernement que la France l'invite à une solennelle réconciliation, avant... le jour de la fête du 15 août.

—o◎o—

PARIS

IMPRIMERIE DE L. TINTERLIN ET Ce

RUE NEUVE-DES-BONS-ENFANTS, 3.

1859

PRIÈRES

AUX

DEUX EMPEREURS

PRIÈRE DU 5 MAI 1859

ADRESSÉE

À L'EMPEREUR DES FRANÇAIS [1]

Sire,

Vous venez de proclamer que l'Autriche nous déclare la guerre.

Dans cette grave circonstance, la France, qui vous a placé au-dessus des monarques vulgaires, espère que la Providence se servira de votre bras pour pacifier le monde.

Que la France s'arme à votre appel pour repousser les injustes agressions de nos ennemis !

Mais nos ennemis ne sont pas les malheureux soldats arrachés malgré eux à leurs familles ; épargnez les troupeaux d'agneaux enrégimentés, qui sont conduits à la boucherie par d'indignes bergers ; épargnez les premières victimes de nos ennemis invisibles !... Le gouvernement autrichien lui-même n'est autre que l'instrument déloyal,

[1] La reproduction et la traduction sont formellement interdites.

l'agent provocateur dont nos ennemis cachés se servent pour vous détourner de la mission pacifique que la France vous a confiée.

L'empire, c'est la paix, avez-vous proclamé, et la France vous a répondu : *Sois mon élu ;* je veux que sous ton règne mon empire soit l'empire de la paix !

Mais les ennemis de notre repos se sont concertés pour faire de votre règne le règne de la guerre.

L'agression soudaine de l'Autriche est une provocation méditée par une puissance occulte, ennemie des institutions de la France et de son élu.

Les agents de cette conspiration ténébreuse sont des recrues de l'ambition déçue, de l'orgueil froissé, de l'envie aux abois, de l'insatiable avarice de plusieurs Judas, les gagistes de certaines convoitises transcendantes ; en un mot, les mauvais instincts se sont coalisés pour le renouvellement de la fin tragique du premier Empire.

Leurs mauvais desseins seront impuissants, étant en partie éventés, mais capables de nous attirer de sérieux embarras par leur ténacité.

Comment expliquer l'incompréhensible agression du gouvernement autrichien ? Nous en connaissons le secret... Ils veulent, coûte que coûte, que guerre vous soit faite, à cette fin de fausser le jugement des nations, de persuader à la conscience des peuples que, sous le règne de l'héritier de Napoléon Ier, la paix du monde n'est pas possible.

Anéantissez leurs projets, détruisez les espérances qu'ils fondent sur les chances de la guerre et sur les fautes que nous commettrions.

Sire, nos malheurs nous ont instruits. Si Napoléon Ier a franchi sans opportunité les Pyrénées, la Vistule, la Bérésina, vous ne franchirez pas sans nécessité les limites du Tessin.

Avec la main droite, servez-vous de l'épée de la France ; mais, avant le combat, montrez de la main gauche l'olivier de la paix posé sur votre cœur.

Et les hommes sensés de toutes les opinions, les enfants de l'Europe entière vous béniront, et l'écho de leurs bénédictions retentira sur les autres parties du monde de génération en génération.

Sire, exaucez notre prière, ne vous éloignez pas des limites du Tessin... c'est-à-dire, sans sortir des limites de la *très-sainte justice*, repoussez une injuste agression, et l'histoire nommera cette dernière guerre, *la dernière lutte de l'injuste folie contre la justice, la raison.*

Du vieil empire absolu autrichien bornez-vous à contenir les dernières convulsions ; bientôt, votre prudence, unie au courage franco-sarde, aura déconcerté ses armées qui, ayant conscience de notre force fondée sur une cause juste et le sentiment de leur faiblesse, se dissoudront d'elles-mêmes, se convertiront à la paix ; et, qui sait? espérons que l'affranchissement de l'Italie s'opérera pacifiquement ; le véritable affranchissement ne viendra jamais de l'épée, les œuvres de l'épée périront par l'épée.

Sire, aujourd'hui 5 mai, a été méditée cette prière, sous le dôme des Invalides, où sont déposés les restes de celui qui fut la trop éclatante réalisation de la prophétie de l'éternel Prophète : « Les œuvres de l'épée périront par l'épée. » La réalisation de cette prophétie est incrustée sur le tombeau d'un enfant de la nature, d'un homme supérieur qui expira, comme Jésus crucifié sur le Calvaire, sur le rocher de Sainte-Hélène, où il fut cloué avec la croix de la haine dont se signa la Sainte-Alliance, non pas des rois, mais des ennemis de la légitime autorité des rois. La haine de cette Sainte-Alliance est encore vivace ; étouffez-la, vous l'étoufferez, en exauçant notre prière, sans dépasser les bornes du Tessin, les bornes du droit de la très-sainte justice.

Et bientôt, l'heure de l'affranchissement de l'Italie, ainsi que celle d'autres peuples voisins, sonnera. Qui la fera sonner?

L'empereur d'Autriche, qui se convertira.

De vos serviteurs, qui osent se croire des fervents admirateurs de vos intentions pacifiques, de votre dévouement à la cause de l'humanité, aux intérêts de notre patrie, agréez, Sire, les respectueux hommages et saluts.

Comme membre de l'humanité, comme membre de la nation française, agréez notre acte de dévouement et de fidélité,

DUBEAU père.

Pour copie conforme et attestation de la vérité :

Son fils adoptif,

J.-B. MONFRAY (DE SAINT-CYR),
éditeur.

LE TE DEUM

OU LA PRIÈRE DU DOUZE JUIN

ADRESSÉE A L'EMPEREUR FRANÇOIS-JOSEPH

Aujourd'hui, saint jour de la Pentecôte.

Pendant que le *Te Deum* a été chanté en France, une servante du Seigneur, fille de l'Église romaine, a prié pour les victimes de la guerre, le juste triomphe de la France, la délivrance des opprimés.

Elle a prié pour le salut de l'Allemagne, la conversion de Votre Majesté, pour la paix et le repos du monde, à cette fin que tous les hommes soient éclairés de la même lumière, animés du même amour fraternel.

Et son cœur a été soudain épris du désir de vous adrésser sa prière.

Toute prière honnête vient de Dieu ; celle qu'une servante de Dieu vous fait à genoux *en vient*.

Que votre toute-puissante Majesté exauce donc la prière qui sauverait l'existence d'un grand nombre de Français, d'Italiens, d'un grand nombre de vos propres sujets, elle se conformera à la volonté de Dieu en écoutant cette prière.

Sire,

Vous, qu'on appelle François-Joseph, ordonnez le désarmement de vos armées, cessez de faire la guerre injuste que vous avez déclarée au Piémont.

Ne faites plus la guerre à Dieu.

En la faisant à un peuple membre de l'humanité, c'est attaquer Dieu même dans sa divinité.

Faites que l'Italie soit libre ; puisqu'elle désire la liberté, offrez-lui la liberté, donnez-lui la paix.

Donnez-lui la paix, car des corps humains que vous feriez encore ensevelir criminellement sous terre, naîtrait le ver rongeur du remords, et votre victoire même ne serait qu'un injuste trophée funéraire qui vous rendrait exécrable à l'humanité.

Votre conscience est chrétienne comme la nôtre ; ce qui est criminel pour nous est criminel pour vous ; la loi défend l'homicide, ne l'ordonnez plus ; faites cesser le carnage, n'exposez plus la vie de cent mille innocents à la défense d'une cause injuste.

Ceux qui vous ont conseillé de faire la guerre pour étouffer l'anarchie, vous ont trompé par de faux renseignements... l'anarchie révolutionnaire n'existe que dans leur imagination. Congédiez les méchants cœurs qui vous conduisent à votre perte ; croyez à celle qui vous conseille de faire la paix. Elle n'est pas savante, mais la nature lui a donné un cœur simple, des pressentiments salutaires.

Sire, vous êtes environné de méchantes bêtes. Étouffez les serpents maudits qui sifflent la guerre ; délivrez-vous des anarchistes qui ont violé en votre nom les droits des petits.

Car, par leur ordre et en votre nom, les droits de beaucoup ont été violés.

Ce que l'humanité a de plus sacré a été profané, et les propriétés anéanties dans beaucoup de pays par la force de vos armées.

Quel mal vous ont-ils fait, ces paisibles bourgeois, laboureurs, artisans ? Quels reproches avez-vous à adresser aux mères d'Italie, de France et d'Allemagne, dont vous faites tuer les enfants ?

Si vous avez une âme chrétienne, elle frémira un jour des atroces calamités de la guerre que vous avez occasionnées.

Celui qui se sert de l'épée est rarement béni de Dieu, *mais souvent maudit.*

Sire, vous ne serez pas maudit ; vous serez béni si vous exaucez la prière de votre humble sœur en Dieu.

Votre intelligence sera éclairée de la vraie lumière et la vraie justice établira son empire sur vous, votre cœur se laissera gouverner par l'amour.

L'amour est unique comme celui qui l'a enfanté. La vérité est unique ; il n'existe pas deux vérités.

Or, voici la vérité :

Dieu a voulu faire de la France sa messagère ; telle est la volonté du Tout-Puissant. Il a fait lever une nation d'entre toutes, qui a dit à ses sœurs : « Voilà la justice, apprenez à vous gouverner avec justice. »

Oui, la France a écrit l'évangile civil des peuples au prix de son sang ; elle en fut cruellement persécutée, et encore aujourd'hui, qui s'efforce de soulever contre elle une nouvelle persécution universelle ? C'est vous !

Saint Paul fut aussi un violent persécuteur de la vérité.

Soyez le nouveau saint Paul converti, la nouvelle étoile

polaire qui dirigera la marche de l'humanité vers la suprême unité.

François-Joseph, auguste souverain, votre nom sera trois fois auguste si vous tendez la main à l'empereur Napoléon, si vous faites la paix avec Victor-Emmanuel.

Rapprochez-vous de Napoléon III comme d'un apôtre dont la date du passage dotera la terre d'une nouvelle hégire, de l'ère de la paix! Prenez-le pour Mentor, soyez son disciple, faites de votre empire l'empire de la paix.

Et votre prospérité sera grande. La femme qui vous prie vous prédit la possession du monde, conjointement avec tous les autres souverains.

Rome, Turin, Londres, Paris et les autres capitales vous ouvriront triomphalement leurs portes. C'est ainsi que vous régnerez sur le cœur des Italiens, que vous ferez la conquête des Français, que les âmes de la riche Angleterre vous payeront un riche tribut de louanges légitimement dues.

Et l'Allemagne, qui a bercé votre enfance, vous bercera en société des autres rois et empereurs, au milieu d'un enivrant concert d'admiration et de reconnaissance.

Et Dieu vous bénira, et toutes les mères vous béniront, et les masses populaires, aux fortes poitrines, acclameront votre nom; car vous aurez fait cesser toute politique haineuse, tout désaccord, toute division, en invitant tous les peuples au banquet d'une sainte réconciliation.

Faites que ce jour arrive, et les nations européennes ne seront plus que des sœurs qui uniront leurs enfants avec les peuples des autres parties du monde.

Le grand miracle s'opérera tout naturellement, de même que c'est par un miracle tout naturel que le désir de vous prier s'est emparé de votre humble sœur en Dieu. Sa prière n'est qu'un faible écho du désir de toutes les mères. Sire, exaucez notre prière! La femme, en politique, doit compter aussi pour quelque chose; elle sent qu'elle possède en elle le don de l'amour, le ciment pacifique qui vous unira à la France ; du moins, permettez à une femme qui vous aime fraternellement, de l'espérer avec modestie ; faites que son espoir se réalise, votre nom égalera les plus glorieux.

Mais, repousseriez-vous sa prière, elle se bornerait à prier que la volonté de Dieu soit faite et non la vôtre ; elle se bornerait à prier pour le salut de celui qui se placerait lui-même au niveau des noms les plus exécrés.

Sire, cela ne sera pas ainsi. Nous voulons que votre nom soit béni ; à votre épouse, qui est aussi mère comme nous, soumettez-lui notre prière, elle vous répondra comme nous son désir : *Que la paix soit faite!* Ainsi soit-il.

SIRE,

Agréez la prière d'une humble servante de Dieu, qui vous salue en son nom, avec le profond respect dû à votre auguste caractère.

AMÉLIE S...

Elle confie aux quatre vents de Dieu le soin de reproduire l'écho de sa voix. Qu'elle soit entendue et répétée par toutes les mères qui aiment leurs enfants, qui désirent que paix soit faite sur la terre comme au ciel !

Pour copie conforme et attestation de la vérité :

DUBEAU père.

Paris, le 14 juin 1859.

Recopié conforme à la copie qui m'a été communiquée, j'accepte l'honneur ou le péril d'en être le messager, d'après les désirs de l'auteur, dont je suis

Le très-humble et obéissant serviteur,

J.-B. MONFRAY (DE SAINT-CYR),
éditeur.

Paris, le 16 juin 1859.

PLUS DE GUERRE

ou

ÉPITRES D'UN FRANÇAIS A UN ALLEMAND

SUR LA SITUATION ACTUELLE *

PREMIÈRE ÉPITRE.

Paris, le 18 février 1859.

Monsieur,

Aurons-nous encore une grande guerre à déplorer ?

Telle est la question à laquelle on était embarrassé de répondre il y a quelques jours, aujourd'hui nous pouvons répondre : Nous n'aurons pas la guerre... Un bon génie vient d'en renouveler la promesse du haut du trône de l'empire français...

Applaudissons à cette déclaration solennelle, hâtons-nous de former une *sainte alliance* pacifique pour protéger le naissant olivier de la paix qui vient d'être planté par la sagesse d'un souverain; au digne héritier du nom de Napoléon à rendre possible la réalisation des *saints rêves* des apôtres chrétiens anciens et modernes; à lui il sera *donné pouvoir* de réduire à l'impuissance les passions insensées perturbatrices de la paix publique.

Vous êtes des mieux placés, Monsieur, pour observer les phénomènes politiques secrets qui menacent la famille européenne d'une nouvelle guerre civile; soulevez discrètement le voile qui nous empêche de les apprécier, ces motifs

---

(1) La reproduction et la traduction sont formellement interdites.

secrets......... Car les intérêts nationaux qu'on met publï-
quement en avant servent le plus souvent de *couvertures
décentes* pour cacher les indécentes ébullitions de l'amour-
propre particulier; mais comme nous devons croire que les
maîtres des destinées des nations chrétiennes planent au-
dessus des vulgaires passions humaines, nous ne nous
entretiendrons entre nous que de la difficulté apparente
survenue à la suite de l'occupation de l'Italie par des soldats qui ne sont pas italiens.

Souvenez-vous, Monsieur, de votre séjour à Paris en
1856, où vous vous montrâtes sérieux partisan des pacifiques aspirations des amis de la paix... aspirations qui,
j'ose le dire hautement, mériteront d'être mieux accueillies
qu'elles ne le sont par les hommes puissants qui disposent
des destinées de l'Europe.

Nous avons été d'accord, nous avons souhaité autant
pour les intérêts de l'Allemagne que pour ceux de l'Italie,
que le gouvernement autrichien cessât de maintenir son
autorité en Lombardie en se servant des moyens ruineux,
arbitraires, de l'épée; vous-même, vous avez des premiers
avoué qu'il avait mauvaise grâce à rester ainsi dans l'immo-
bilité, à cheval à califourchon sur les traités surannés de
1815; traités que la violence, dans son moment de colère,
imposa; traités que les autres puissances ont depuis longtemps envoyés à l'*abattoir*, et le gouvernement autrichien,
qui tient à sa réputation de bon chrétien, est le seul qui ose
encore obstinément se servir en vieux rancunier d'un *mé-
chant bridon* dont l'extrait de naissance remonte bien avant
le siècle d'Hérode. Quel pitoyable anachronisme.

Nous sommes d'accord, les titres de votre gouvernement
sont incontestables, car devant les arguments du sabre, les
droits du faible sont indiscutables; soit, maintenez-les, nous
serons les premiers à conseiller aux malheureux Italiens de
les respecter jusqu'à ce qu'une grande puissance intervienne
pour les contester.

Or, *cette grande puissance*, peut-être ignorez-vous son

nom. . Elle se nomme le *Bon sens public*, fils légitime du *seul maître* de la terre, longtemps bâillonné, longtemps traité en mineur, interdit; aujourd'hui il est majeur, tout disposé à balayer de la terre les erreurs mensongères; voyez ce qu'il commence à faire en France, ne distribue-t-il pas lui-même avec justice aux rois, aux empereurs, les sceptres et les couronnes; ne prépare-t-il pas aux savants, aux artistes, aux inventeurs, à tous les travailleurs, des récompenses selon leurs œuvres...

Si le maître de la terre apparaissait soudainement par l'intermédiaire des fils du bon sens pour demander bénévolement à vos grands d'Autriche : De quel droit, mes grands seigneurs, gouvernez-vous aussi méchamment mes petits enfants? De quel droit primordial, *gros ambitieux*, vous êtes-vous partagé ma propriété?...

Les grands d'Autriche répondraient à notre bon maître : Voici nos droits, examinez nos traités...

Quoi! s'écrierait notre maître, vous avez des traités, voilà chose assez singulière, je les ignorais... Voyons, par curiosité, montrez-moi ces traités? — Les voici, notre bon père... — Il faut en convenir, vos traités sont fort bien rédigés, nul ne peut contester leur authenticité. — Ainsi, notre bon père, vous nous permettez de châtier sévèrement nos petits frères, mal disposés à les respecter. — Mes chers enfants, vos mauvais cœurs sont par trop enclins à châtier, vous avez, avant tout, le droit de pardonner à vos pauvres frères égarés. Sur quoi se fondent vos droits? sur vos traités. Vos traités sont fort bien rédigés, mais au nom de quelle autorité les signataires les ont-ils signés... Répondez sans porter la main sur la garde de vos épées.

Quoi, vous osez produire des traités passés jadis entre des joueurs effrénés, qui, fatigués de leurs longues parties d'échecs, se sont partagé leur enjeu, les champs de terre, où, fratricidement, ont été ensevelis des millions de leurs frères.

A quoi servent vos traités, à constater une authentique.

spoliation, faite à main armée, par de grands voleurs, vos devanciers...

Vos traités prouvent que Sa Majesté César d'Autriche ne se contente pas de son épouse légitime, la forte, la sage Allemagne, il aime d'un amour adultère d'autres principautés étrangères, il a même pour concubine la Lombardie, une des plus belles filles de la riche Italie. Vos traités prouvent que Sa Majesté maintient à main armée sous sa domination celle qui n'a pour lui ni sympathie ni amour : brutalement il en jouit; quelle indécence, quel outrage à la morale de froisser aussi ostensiblement la délicate parure de sa belle asservie sous l'immense ampleur de son lourd manteau impérial...... ; du moins, laissez-lui ses enfants, ses fils, que vous expatriez loin de leur mère, que vous destinez à vous servir de chair à canon ; et à ses filles vous leur offrez pour moralistes vos bataillons, et vos procédés financiers prouvent assez haut que vous la gouvernez en avare spoliateur. Que lui laissez-vous ? Ses entrailles émues, son cœur gros de douleur, et pour tout droit, celui de dévorer sa honte en secret. Peut-elle se soulever d'indignation ? Non, les membres qui se révolteraient seraient anéantis par le plomb.

Malheureux Autrichiens, c'est ainsi que vous tyrannisez votre mère, celle qui vous a bercée la première dans le berceau de la civilisation.

Telle est, Monsieur, la moralité du pouvoir que l'Autriche exerce sur la Lombardie; ne serait-il pas désirable que tant de difficultés fussent aplanies de bonne foi par une solution généreuse, toute pacifique; vos hommes d'Etat écouteront-ils les avis prophétiques ? *Oui, des nuages menaçants s'amoncèlent sur la tête des oppresseurs...* Vous n'êtes pas des oppresseurs, bons Allemands, vous êtes nos frères, vous aimez la justice comme nous l'aimons, vous ne ferez pas aux autres nations ce que vous ne voudriez pas qu'il vous fût fait ; donc, vous êtes étrangers à l'asservissement de la Lombardie, et nous n'accuserons pas même votre jeune souverain d'être l'auteur de ces maux ; ils datent d'avant lui ; votre jeune Empereur est l'honnêteté personnifiée, il ne se permettrait pas d'imposer arbitrairement sa volonté au plus jeune de vos écoliers ; plaignez-le avec nous d'être lui-même le premier esclave d'un système de gouvernement qui a imprimé à ses généreux sentiments une fâcheuse déviation.

Oh ! si la raison suprême, si la morale évangélique devenaient ses seules bonnes conseillères, il secouerait avec empressement l'antique poussière des vermoulus cartons de ses ministères, en chassant de ses bureaux les derniers vestiges d'un gouvernement païen ; si, spontanément, il prenait lui-même le gouvernail pour diriger le vaisseau de ses Etats vers les rives d'un nouveau monde pacifique, bientôt l'horizon de la paix lui serait signalé. C'est ainsi qu'il avancerait le jour où tout antagonisme de souverain à souverain cesserait. C'est ainsi qu'il étendrait démesurément son empire. C'est ainsi qu'il deviendrait non-seulement l'auguste souverain des bons Allemands, mais aussi celui des cœurs italiens, français, espagnols, anglais... il en ferait réellement, légitimement, la noble conquête...

Hâtez-vous, Monsieur, hâtez-vous de faire parvenir ces conseils en haut lieu, ils sont les seuls bons à suivre, les seuls qui puissent nous servir, dans les circonstances présentes, de paratonnerre.....

Le gouvernement autrichien n'a qu'un seul mot à prononcer : *La paix*..... En faisant rentrer ses armées dans leurs foyers, son souverain n'a qu'une seule phrase à publier pour tout pacifier :

Je rends la liberté à la Lombardie.

Ainsi-soit-il, Monsieur, et tout un peuple le bénira.

DEUXIÈME ÉPITRE.

Troyes, en Champagne, le 27 mars 1859.

MONSIEUR,

Les lieux de prédilection de votre serviteur qui vous écrit sont là où se trouve située la chaumière où sa mère l'enfanta, non loin de la ville de Troyes.....

Troyes, la modeste manufacturière, renferme la cathédrale où on lui enseigna à aimer Dieu, notre unique Père, et tous les hommes, ses enfants ; on lui enseigna aussi combien le mensonge est détestable, le meurtre abominable, les fauteurs de la guerre exécrables. Ce fut dans la ville de Troyes que les premiers éléments d'une éducation bornée lui furent donnés, et il aime à se ressouvenir ici des brillantes illusions, des douces rêveries des temps passés. Trouvez donc naturel que votre serviteur vienne s'y recueillir lorsqu'il est gratifié d'une semaine d'indépendance, et qu'il vous écrive des lieux mêmes où il a connu pour la première fois l'amour dans sa perfection..... Que cette épître soit la confirmation de sa première vocation..... *Il s'est voué d'être, jusqu'à son dernier soupir, un porte-bannière de la paix...*

Monsieur, ne nous laissons pas tenter de faillir à cette noble mission, car la paix seule peut transformer notre terre d'exil en délicieux champ d'asile.

En dépit des sourdes rumeurs, des bruits de guerre qui précèdent la marche accélérée des armées autrichiennes, conservons une énergique espérance dans la paix.

Qui est-ce qui conteste les avantages de la paix ? Personne ; donc, unissons nos efforts pour l'établir sur des bases durables.

L'Europe franchement unie aujourd'hui serait demain la *maîtresse bienheureuse* du monde entier, qui serait lui-même le bienheureux en s'inclinant d'admiration devant la merveilleuse supériorité de sa pacifique conquérante.

Si, collectivement, les enfants d'Europe groupaient les rayons divergents de lumière qu'ils possèdent, ils formeraient le *soleil intellectuel* destiné à chasser de tous lieux les ombres de l'erreur, les émanations des fausses passions.

L'Europe, en associant, en unissant par l'amour les travaux de sa grande famille, les œuvres, fruits des intelligentes et laborieuses mains de ses enfants, *pondrait la lune de miel de l'humanité.*

Unie, elle sera féconde en bons élèves pacifiques, elle sera l'institutrice, la civilisatrice des autres peuples, qui la béniront comme on bénit une bonne mère, une épouse chérie.

Mais qu'elle se divise par la manie des batailles qui n'ont d'autres motifs que le *vertigo* des mauvaises cervelles de quelques méchants conseillers d'empereurs et rois, elle inoculera le monde entier de sa fièvre chaude, elle deviendra une effrayante mégère, insatiable de ruine, de meurtre, de dévastation.....

Telles sont, Monsieur, les réflexions que j'ai faites cent fois en attendant avec anxiété votre réponse pendant cinq longues semaines. Enfin je la possède d'hier, votre très-obligeante réponse, et dès aujourd'hui je vous en accuse réception. Ce n'est pas moi qui gaspillerais un temps précieux, qui serais l'imitateur des grands seigneurs de la diplomatie jouant avec la question de paix et de guerre, de même que les enfants du village avec *Martin vit..... la paix vit! Vit-elle toujours? Toujours elle vit.....* C'est ainsi qu'ils se repassent notre chère paix de question en question, de proposition en proposition, de congrès en congrès; ils feront tant et si bien que la malheureuse agonisante tombera expirante entre les mains de quelques mauvais officieux amis qui mettent tout en œuvre pour

l'étouffer, et ils ne seront plus les maîtres de la ranimer,
et la guerre l'enterrera, et Dieu seul sait qui la ressusci-
tera...

Monsieur, en présence des nuages de la tempête, qui
vont toujours grossissant, expliquons-nous sans cérémonial,
vertement, franchement. Je vous dis ce que je pense de
votre réponse, elle est une copie radoucie, très-polie, des
raisonnements de Messieurs Buol et Compagnie, elle est
un faible écho de Messieurs les journalistes leurs amis ; ne
vous affichez donc plus comme partisan de la paix, puisque
vous êtes un partisan de la guerre, puisque la contagion vous
a gagné ; oui, vous désirez que la guerre se fasse, puisque
vous ne désapprouvez pas hautement les armements injus-
tifiables de l'Autriche ; si à Vienne on avait des intentions
pacifiques on s'abstiendrait d'amonceler des allumettes
incendiaires aux environs des poudrières, au lieu de masser
des régiments en Italie, on les en éloignerait ; en agissant
ainsi, on donnerait des preuves d'intentions pacifiques non
équivoques; un voleur pris en flagrant délit protestera vai-
nement de sa probité, il ne persuadera pas les témoins de
son indélicatesse. Que Monsieur Buol argumente avec
talent, son dire n'est qu'un sonore verbiage d'illogique
avocat démenti par les actes du gouvernement de son auguste maître ; admettons que la Sardaigne soit coupable,
qu'elle mérite tous les reproches que votre gouvernement
lui adresse, mieux vaudrait écouter les conseils du pardon
que ceux de la rancune ; enseignez-lui la générosité ; par-
donnez les offenses qui vous ont été faites, de même que
vous désirez être remis de celles que vous avez commises
ou que vous préméditez injustement. Si vous étiez *l'aumô-
nier* de votre auguste souverain, que lui conseilleriez-vous?
Savez-vous ce que je lui conseillerais, moi, pour son bien:
avant toute chose, arrêtez la marche de vos armées, mon
auguste pénitent, n'allez pas de vous-même vous canoniser,
personne ne croirait que vous êtes un saint ; on voit trop
visiblement vos gros péchés favoris d'orgueil indompté,

récitez votre Pater, faites votre *meâ culpâ*. C'est ma faute, ma très-grande faute, si mes sujets Lombards-Vénitiens sont mécontents...

Espérance, nous sommes au temps de pénitence, dans quelques semaines on célébrera les fêtes de Pâques... En attendant, osons soulever le voile qui cache les plaies saignantes qui font le supplice des diplomates... Une fausse décence vous empêche de les découvrir à nu, pourquoi pas, s'il le faut?... si de la sage vue réside le salut; il est bon que le médecin sache tout, même les mauvaises habitudes, secret du boudoir.

Osons l'avouer, si les grands missionnaires de la paix sont impuissants à résoudre les difficultés, c'est qu'il ne s'agit pas de les résoudre, mais de les trancher... Ce n'est pas avec des conseils officieux, patelins, à l'eau de mauve, que vous nous guérirez du cancer. Qui est-ce qui cause les tribulations politiques de l'époque? La modeste tunique de la Lombardie, servant improprement de doublure au manteau impérial autrichien; qu'on retranche de son manteau cette doublure, votre auguste maître sera encore assez confortablement vêtu. Que Messieurs de la haute diplomatie tranchent énergiquement le lien qui unit la Lombardie à un pouvoir qui l'a blessée au sein, union illicite qui trouble la paix des Etats. Médecins diplomates, avec quelques lignes d'ordonnance vous sauverez un souverain qui se dirige vers l'abîme; vous affranchirez un peuple qui vous bénira; en suivant les conseils d'un humble serviteur de la vérité, peut-être vous serviront-ils à vous-mêmes de paratonnerre... Ne méprisons rien. Souvenons-nous que la Providence a sauvé plus d'un empire par de faibles moyens. Rome fut sauvée par les avertissements des oies du Capitole... Aujourd'hui, une plume d'oie dirigée par une main amie, vous avertit que votre gouvernement s'égare sur une fausse voie; faites-vous l'écho de votre serviteur sans divulguer son nom; si on vous le demande, répondez : que l'Europe entière est sa patrie; la justice, sa souveraine;

répondez : que sans former des vœux pour le triomphe d'aucune puissance guerrière, il se borne à prier en faveur de l'innocent......

Donc, que Dieu protége l'Europe pacifique et bénisse ses enfants.

TROISIÈME ÉPITRE.

Paris, le 9 mai 1859.

Monsieur,

La guerre est déclarée ! ! !

Au grand scandale des honnêtes gens !

Qui croira désormais à la parole de vos hommes d'État, qui ont juré « *ne méditer aucun projet hostile contre le Piémont.*

Qui se sont montrés...

« *Pénétrés de l'immense responsabilité qui, devant Dieu et* « *devant les hommes, pèserait sur ceux qui, sans motif légi-* « *time, troubleraient la paix de l'Europe.* »

Qui ont déclaré, au nom de leurs augustes souverains :

« *Que l'épée ne serait tirée que pour la défense de ses* « *droits incontestables.* »

Et malgré ces promesses faites à la face de l'Europe, votre gouvernement vient de déclarer la guerre au Piémont sans motifs légitimes.

Ne cherchez plus à colorer de *belles nuances* la conduite criminelle de votre gouvernement, de nombreux témoignages accusateurs instruiront l'histoire que c'est l'Autriche qui dote notre siècle d'une sanglante guerre de plus, que c'est l'Autriche qui a repoussé avec *insolence* les moyens de conciliation qui lui ont été proposés par ses meilleurs amis. L'histoire racontera comment elle seule a pondu, couvé, fait éclore la guerre, et l'histoire racontera aussi comment la diplomatie s'est bornée d'assister en *sage-femme oisive* à l'accouchement de la plus monstrueuse des guerres, sans chercher à l'étouffer dès son premier vagissement.

La déclaration de guerre de l'Autriche a retenti dans les entrailles de la France comme un épouvantable tonnerre, précurseur d'un orage prochain. Que le vent de Dieu détourne l'ouragan homicide de la tête de l'innocent !

La guerre qu'on nous déclare est-elle juste ou injuste ?

Votre gouvernement veut persuader le monde qu'elle est juste, qu'elle est même indispensable à son salut pour sauvegarder son honneur, etc. C'est ainsi que devant Dieu et devant les hommes, l'Autriche cherche à se laver les mains par avance, à repousser la responsabilité du sang qu'elle s'apprête à faire répandre.

Hypocrisie et lâcheté tu seras démasquée. Un cri spontané de la conscience publique s'est fait entendre de la France et du monde civilisé.

La guerre que l'Autriche déclare au Piémont est injuste.

Que les ombres de la calomnie qui accusent l'innocent disparaissent devant la vérité.

Gouvernement autrichien, tu déclares la guerre, tu seras responsable devant Dieu et devant les hommes de tous les les crimes qu'enfante la guerre.

MONSIEUR,

Prenons une balance juste pour peser les crimes humains, admettons les circonstances atténuantes à plaider en faveur des criminels...

Sans nul doute, ces charitables plaideuses, nous représenteront votre auguste souverain plus à plaindre qu'à blâmer, elles nous le représenteront dès son enfance soumis aux étreintes d'une fausse éducation... Si on lui enseigna la communion chrétienne, on lui enseigna aussi la communion payenne du sabre ; on lui enseigna qu'il était destiné à se servir un jour de l'épée invincible de ses grands-papas. On l'instruisit à rebours. Au lieu de lui apprendre à sympathiser avec les institutions libérales des autres peuples, à aimer ses voisins, on l'éleva dans des habitudes de haine pour tout ce qui n'est pas système autrichien ; on lui enseigna à se méfier des institutions populaires comme de foyers d'alimentation des révolutions ; on l'isola du feu sacré qui nous fait sentir, aimer les douleurs et les joies de l'humanité ; il demeura enfermé dans l'intérieur de ses palais, *dans sa cour*, avec sa cour, à la discrétion des flatteurs dissimulés et de quelque *faux jésuite*. (Je dis faux, car il en existe de très-véritables qui servent de flambeau à la vraie lumière.) Mais la vraie lumière ayant été proscrite par la *chandellerie*, c'est-à-dire la chancellerie autrichienne, on n'a fait de votre auguste souverain qu'un héros de la demi-barbarie du moyen âge, et en plein dix-neuvième siècle cette éducation rétrograde anti-sociale porte aujourd'hui son *fruit amer*.

Monsieur,

M'aiderez-vous à démasquer sans pitié les perfides conseillers qui l'ont *judaïquement* attiré dans une *souricière*, dans laquelle souricière, petits et grands, vieillards et enfants, peuvent à leur aise contempler votre auguste souverain, le soi-disant défenseur de l'autel et du trône, le protecteur infaillible de l'ordre public, pris lui-même en *flagrant délit* d'injustice, de désordre insurrectionnel, en flagrant délit de pillage, de viol envers la propriété d'autrui, d'outrages envers la religion et les bonnes mœurs ; pris en flagrant délit de meurtre et d'assassinat.

Et voyez sa folie ainsi que celle de son entourage, en attaquant de *son autorité privée* le Piémont. Il prétend servir la cause de l'ordre et de la religion. Quel pitoyable entétement ! pauvre cervelle humaine, qu'est-ce qui a pu te démonter et te remonter ainsi au *rebours*.

S'il fallait descendre au premier germe de cette fatale manie de mule entêtée qui recule au lieu d'avancer, nous descendrions trop bas dans le faux, *dans les fausses tendances de l'esprit humain*.

Récitons plutôt quelques mots d'histoire, histoire abrégée.

Écoutez, il y aura dans trente ans un *siècle* qu'un fleuve de lumière et de justice commença à se produire en France, tous les peuples en tressaillirent d'aise.

Le gouvernement autrichien et ses associés osèrent intervenir pour tarir ou arrêter le cours régulier de ce fleuve de vérité. Mais le fleuve, irrité des obstacles qu'on voulut lui opposer, *renversa leur digue*, non sans engloutir plusieurs innocents qui reposaient en sécurité sur l'oreiller d'une bonne conscience. Ainsi, ce fut l'intervention du vieux gouvernement têtu autrichien et de ses associés, qui fut la cause des forfaits dont on accusa la jeune république. Oui, ce fut votre imprudente intervention qui décapita Marie-Antoinette et son royal époux, et les guerres de la république et de l'empire sont nées de votre manie d'intervention.

Marengo, Austerlitz, Wagram, etc., ont été les néfastes résultats de vos provocations.

Et bien heureux aurait été Napoléon 1er s'il vous avait eu toujours pour ennemis, jamais pour ami. Amis perfides, que lui conseillâtes-vous. *C'est un secret d'État.*

Vous lui conseillâtes de divorcer avec le droit et la justice. Par ce divorce vous enchaînâtes le demi-dieu. Vous l'enchaînâtes avec vos liens dynastiques, selon l'expression d'un de vos hommes de cour qui fit frétiller sur son chemin la robe virginale d'une archiduchesse impériale... Nul ne le sait. *C'est un secret d'État.* Seulement nous trouvons dans certaines correspondances secrètes, ces lignes :

« *Que l'Empire Autrichien s'unisse au Français ; c'est*

« *le seul moyen d'étouffer la révolution, de plumer l'aigle*
« *napoléonienne.* »

Oui! c'est ainsi que Napoléon tomba en s'appuyant sur
le marchepied dynastique du trône impérial autrichien. Il
tomba avec le concours de votre trahison, et les mêmes diplomates qui l'encensèrent dans sa gloire, furent l'âme
damnée des bourreaux qui le clouèrent sur le rocher de
Saint-Hélène, et lorsque vous fûtes délivrés du tyran (c'est
le nom que vous aimiez à lui donner), n'avez-vous pas
prouvé, vous, *méchants libéraux*, que vous étiez les ennemis
irréconciliables de toute liberté publique, les infatigables
tritureurs des intérêts du plus grand nombre, en un mot
d'une domination anti-chrétienne. Vous avez été et vous
êtes encore avec constance, *l'arc-boutant, le bras de force
écrasant.*

Pendant la guerre d'Orient, quel rôle jouâtes-vous? vous
ne fûtes ni francs amis de la Russie, à qui vous deviez tout
récemment votre salut. Ni loyaux ennemis de France et
d'Angleterre; vous berçâtes tout le monde de promesses à
double entente, aux triples tergiversations, et vous jouâtes
à la guerre en embrouillant les plus simples questions.
Faut-il vous dévoiler la secrète espérance que le cabinet
de Vienne nourrissait? De cette guerre, qui menaçait d'être
bien longue, il espérait en être l'héritier, c'est-à-dire héritier de la dépouille des combattants écrasés. A la faveur de
leurs épuisements vous espériez vous agrandir, vous enri-
chir. Ce fut avec cette intime espérance que vous assistâtes,
l'arme au bras, en froid spectateur, au terrible drame criminel de Crimée; car la déclaration de guerre de l'empereur
de Russie ne fut pas plus raisonnable que la vôtre... Pourquoi ne l'empêchâtes-vous pas, cette guerre, en jetant votre
épée dans le plateau de la balance en faveur de la justice?

Réponse : *Parce que vous espériez hériter de la dépouille
des morts...*

Mais le peuple allemand ni les autres peuples ne sont pas
responsables de votre égoïsme.

Car votre gouvernement n'est le gouvernement national d'aucune nation. Votre gouvernement n'est ni allemand, ni hongrois, ni tyrolien ni italien, il n'est pas même le gouvernement des vrais Bohémiens; car votre gouvernement est un ramassis de la fausse Bohême, né des coups de dés, du jeu de hasard qui l'ont favorisé. Il s'évanouira comme il est né, et à son évanouissement définitif, les peuples se sentiront allégés comme d'une cloche d'airain qui pèse sur leurs têtes.

L'Europe entière sera délivrée des inquiétudes d'une fausse position dans laquelle elle se trouve placée par votre très-grande faute, votre très-grande incapacité, votre très-grande impuissance à bien gouverner.

CONCLUSION.

En présence des torches incendiaires que votre gouvernement fait promener sur le monde, devons-nous rester spectateurs indifférents ?

NON !

Toute âme amante de la justice doit faire entendre un cri de protestation, exprimer son indignation. Celui qui vous écrit, plus que tout autre, par devoir d'état, par profession, doit servir d'écho aux frères qui l'entourent, comme citoyen d'une nation que vous attaquez, comme un père, car lui aussi a un fils qui marche à la tête d'une compagnie, d'un régiment françaïs. Peut-être sur sa poitrine un canon autrichien est-il déjà pointé, et croyez que j'aime mon enfant, croyez que je comprends les douleurs maternelles dont j'ai été témoin, que *vos folies* ont déjà causées; ne trouvez donc pas extraordinaire si on vous adresse quelques remontrances sévères, quelques paroles amères, avec prière de les faire parvenir à vos supérieurs.

Leurs ancêtres , ainsi qu'eux-mêmes , ne seront absous

des meurtres qu'ils ont ordonnés qu'au jour où leurs héri-
tiers seront définitivement guéris de la manie de la domination armée, quand ceux de leur race auront détruit les
restes de ce venin héréditaire, la fièvre du pouvoir, dont la
fermentation incessante donne naissance à tant de guerres
désastreuses. On trouvera des expressions assez sévères
pour qualifier les ambitions fratricides et la servile obéis-
sance de leurs conseillers, exécuteurs de leur volonté; ils
ont mis à si bas prix la vie humaine, qu'ils entassent des
monceaux de cadavres sans payer une seule obole de
dommages-intérêts ; ils sont donc bien puissants, ceux qui
ordonnent à si bon marché si grande boucherie de corps
humains.

Réprouvons les séides qui osent encore aujourd'hui
s'associer aux injustes passions d'un tyran. Malheur à vous,
sots tisons de la discorde, vos noms seront marqués du
sceau de la réprobation universelle.

Quoi, que voulez-vous qu'on incendie, que voulez-vous
incendier. Finirez-vous enfin d'assurer le triomphe de
votre politique de sujétion avec les ressources de vos sal-
pétrières.

Arrêtez, arrêtez la marche de vos armées. La belle
Europe ne veut plus que vous labouriez ses champs avec le
boulet homicide; vous serez les maudits si vous troublez plus
longtemps les travaux pacifiques de ses enfants.

Allez, Monsieur, annoncer à votre gouvernement que la
France l'invite à une solennelle réconciliation avant un
mois, avant deux mois, avant trois mois, avant cent jours,
en le priant très-humblement de ne plus être avec elle en
état de guerre le jour de sa fête du quinze août.

Paris, le 9 mai 1859.

DUBEAU père.

Pour copie conforme et attestation de la vérité.

J.-B. MONERAY (DE SAINT-CYR)

Paris, le 20 juin 1859. éditeur.

Paris, Imprimerie de L. TINTERLIN, rue Neuve-des-Bons-Enfants, 3.